Caídas de agua

Rourke Educational Media
rourkeeducationalmedia.com

Precious McKenzie

Actividades para antes y después de leer:

Enfoque de la enseñanza:

Fluidez: Fomente la lectura extensiva y use métodos específicos, tales como lecturas cronometradas y la lectura en compañía para estimular el aumento en la fluidez.

Antes de leer:

Construcción del vocabulario académico y conocimiento del trasfondo

Antes de leer un libro, es importante que prepare a su hijo o estudiante usando estrategias de prelectura. Esto les ayudará a desarrollar su vocabulario, aumentar su comprensión de lectura y hacer conexiones durante el seguimiento al plan de estudios.

1. Lea el título y mire la portada. *Haga predicciones acerca de lo que tratará este libro.*
2. Haga un «recorrido con imágenes», hablando de los dibujos/fotografías en el libro. Implante el vocabulario mientras hace el recorrido con las imágenes. Asegúrese de hablar de características del texto tales como los encabezados, el índice, el glosario, las palabras en negrita, los subtítulos, los gráficos/diagramas o el índice analítico.
3. Pida a los estudiantes que lean la primera página del texto con usted y luego haga que lean el texto restante.
4. Charla sobre la estrategia: úsela para ayudar a los estudiantes mientras leen.
   - Prepara tu boca
   - Mira la foto
   - Piensa: ¿tiene sentido?
   - Piensa: ¿se ve bien?
   - Piensa: ¿suena bien?
   - Desmenúzalo buscando una parte que conozcas
5. Léalo de nuevo.

Área de contenido Vocabulario

Utilice palabras del glosario en una frase.

elevación
erosiona
saliente
suelo

Después de leer:

Actividad de comprensión y extensión

Después de leer el libro, trabaje en las siguientes preguntas con su hijo o estudiantes para comprobar su nivel de comprensión de lectura y dominio del contenido.

1. ¿Qué significa que la tierra se erosione? *(Resuma).*
2. ¿Qué pueden producir las caídas de agua? *(Haga preguntas).*
3. ¿Alguna vez has visitado una caída de agua? *(Texto para conectar con uno mismo).*
4. ¿Por qué hay tantas clases de caídas de agua? *(Haga preguntas).*

Actividad de extensión

Utiliza plastilina y haz una maqueta de un río, una catarata y una piscina de inmersión. Puedes incluir rápidos, un remolino, una saliente y rocas. Etiqueta las partes de la caída de agua.

Índice

Agua que cae

A veces el agua cae de un acantilado o **saliente**. Esto se llama caída de agua.

saliente

En movimiento

Cada vez que el **suelo** se mueve o **erosiona**, puede formarse una caída de agua. Los volcanes, terremotos y glaciares pueden crear caídas de agua.

Los cambios en la **elevación**, la erosión y el flujo de agua hacen que una caída de agua sea grande o pequeña.

El agua del río corre rápidamente hacia un acantilado. Esto crea rápidos. El agua mueve tierra, rocas, troncos y peces.

rápidos

El agua que baja de un saliente cae en una garganta. Los remolinos son corrientes de agua circulares y peligrosas. Se arremolinan en la garganta.

remolino

cueva

Detrás de las caídas de agua suele haber cuevas. La cueva es tallada por el poder del agua.

¡Clasifiquemos!

Los científicos clasifican las caídas de agua. Estudian qué tan altas y anchas son.

Estudian la cantidad de agua que cae. Entonces deciden qué tipo de caída de agua es. Existen diez tipos de caídas de aguas en el mundo.

Tipos de caídas de agua

Bloque

Cascada

Salto

Catarata

Abanico

Congelada

Cola de caballo

Zambullida

Cuenco

Multipaso

A la gente le gusta visitar las caídas de agua. Pero ten cuidado. ¡Son poderosas! Algunas no son seguras para caminar o nadar.

Datos sobre las caídas de agua

- La más alta del mundo es el Salto del Ángel en Venezuela. Tiene 3,212 pies (979 metros) de altura.
- Muchas caídas de agua son utilizadas para crear electricidad.
- Una caída de agua puede congelarse en invierno. ¡Entonces el agua deja de fluir!
- Con el tiempo, una caída de agua remodela la tierra a su alrededor.

Glosario fotográfico

elevación: es la medida de la altura de la tierra o de una colina o montaña.

erosiona: cuando las rocas o tierra son desgastadas por elementos como el agua y el viento.

saliente: una especie de repisa que sobresale del lado de una montaña.

suelo: la capa superior de la tierra donde crecen las plantas.

Índice analítico

Sitios web (páginas en inglés)

www.scienceforkidsclub.com/waterfalls.html
http://kids.britannica.com/elementary/article-400200/waterfall
www.nationalgeographic.org/encyclopedia/waterfall

¡Conoce a la autora!
(Página en inglés).
www.meetREMauthors.com

Sobre la autora

Precious McKenzie vive en Montana. Le encanta estar al aire libre, visitar parques y disfrutar de la madre naturaleza con sus tres hijos y sus tres perros.

www.rourkeeducationalmedia.com

PHOTO CREDITS: Cover and title page ©fotojog; p.5 ©Puripat Lertpunyaroj; p.7 ©Ammit Jack; p.8 ©JTobiasonPhoto; p.9 ©DNY59; p.11 ©surangaw; p.13 ©Paolo Costa; p.14-15 ©Rauluminate; p.15 ©Ditty_about_summer; p.17 ©pixfly; p.19 ©Scoast, ©rusm, ©verve231, ©Ralf Hettler, ©Wiki, ©nikpal, ©михаил мандрыгин, ©StockstudioX, ©Justin Horrocks, ©kitchakron; p.20 ©nomadFra; p.23 ©Pash237, ©Csondy, ©pitr134, ©Giselleflissak

Editado por: Keli Sipperley
Diseño de la tapa por: Nicola Stratford www.nicolastratford.com
Diseño de interiores por: Rhea Magaro-Wallace
Traducción: Santiago Ochoa
Edición en español: Base Tres

Library of Congress PCN Data

Caidas de agua / Precious McKenzie
(Madre naturaleza)
ISBN (soft cover - spanish) 978-1-64156-016-0
ISBN (e-Book - spanish) 978-1-64156-095-5
ISBN (hard cover)(alk. paper) 978-1-68342-321-8
ISBN (soft cover) 978-1-68342-417-8
ISBN (e-Book) 978-1-68342-487-1
Library of Congress Control Number: 2017931169

Printed in China, Printplus Limited, Guangdong Province